Liebe Eltern,

die spannenden Geschichten in diesem Buch erleichtern Ihrem Kind den Start in die Welt der Buchstaben. Die große, gut lesbare Schulbuchschrift sowie die farbige Markierung der Silben unterstützen es dabei.

Durch die Einfärbung der Sprechsilben erfassen Leseanfänger die Wörter und ihre Bedeutung leichter. Denn schon Vorschulkinder teilen ein Wort beim Sprechen intuitiv in Silben ein. Die farbige Silbenmarkierung hilft Kindern, die richtige Einteilung auch bei geschriebenen Wörtern zu erkennen und ihren Sinn zu verstehen. So lernen sie schneller, flüssig zu lesen.

Viele bunte Bilder sorgen für Abwechslung und motivieren zu kleinen Pausen. Die klare Text-Bild-Zuordnung unterstützt das Textverständnis. So kommen auch weniger geübte Leser zu Erfolgserlebnissen und entwickeln Freude am Lesen.

Die schönsten
Silbengeschichten
für Erstleser

Jungs

www.leseloewen.de

ISBN 978-3-7432-1005-9
2. Auflage 2024
© 2021 Loewe Verlag GmbH,
Bühlstraße 4, D-95463 Bindlach
Inhalte aus Einzelausgaben der Reihe *Lesepiraten*
© 2010, 2013 Loewe Verlag GmbH,
Bühlstraße 4, D-95463 Bindlach
Umschlagillustration: Monika Parciak
Umschlaggestaltung: Elke Kohlmann
Printed in the EU

www.loewe-verlag.de

Inhalt

Brigitte Kolloch & Elisabeth Zöller · Lisa Althaus
Dinosauriergeschichten

Sabine Zett · Heribert Schulmeyer
Abenteuergeschichten

Kolloch & Zöller

Dinosauriergeschichten

Illustriert von Lisa Althaus

T-Rex und Plateosaurus

Frau Krebs kommt in die Klasse.
Vor sich auf das Pult
stellt sie zwei Baukästen.
„Wir wollen heute
Dinosaurier bauen",
kündigt sie an.
„Einen Tyrannosaurus Rex,
auch T-Rex genannt,
und einen Plateosaurus."

„Sind die nicht riesengroß?",
fragt Sophie erstaunt.
Frau Krebs lacht.
„Die Modelle sind aus Holz
und viel, viel kleiner
als die echten Dinos."

Julian kennt sich mit Dinos aus.
Er meldet sich und sagt:
„Die Plateosaurier lebten
vor etwa 220 Millionen Jahren.
Sie haben Pflanzen gefressen:
Blätter, Äste und Sträucher."

Während Julian spricht,
steckt Marie die Holzteile
für den Dinoschwanz ineinander.

„Der T-Rex hat nur
Fleisch gefressen",
sagt Tim und brüllt laut.
Sophie zieht den Kopf ein.

Frau Krebs lächelt sie
beruhigend an und erklärt:
„Tyrannosaurus Rex war
das gefürchtetste Raubtier
aller Zeiten. Er lebte
vor etwa 68 Millionen Jahren."

„Dann konnten T-Rex
und Plateosaurus gar nicht
miteinander spielen.
Weil sonst der T-Rex
den Plateosaurus
aufgefressen hätte“,
sagt Nele nachdenklich.

„Quatsch, die kannten
sich doch nicht!
Die lebten
in verschiedenen Erdzeitaltern.
Der T-Rex in der Kreidezeit
und der Plateosaurus in der Trias",
sagt Julian.

„Das ist wie mit den Rittern
und uns", meint Nele.
„Heute gibt es
keine Ritter mehr."
„Leider", sagt Tim.
Er würde gern
in Ritterrüstung kämpfen.

Jetzt sind der T-Rex
und der Plateosaurus
fast fertig zusammengebaut.

Gerade will Jonas
die Schwanzspitze
am T-Rex-Modell festmachen,
da springt Tim vor.
Er spielt einen Dino,
der angerannt kommt
und kämpft.
„Mensch, pass doch auf!",
ruft Sophie.

Doch da ist es schon zu spät!
Tim stupst nur
ein kleines bisschen …
Und mit einem riesigen Rumms
fällt der ganze Dino
wieder in sich zusammen.
„Tim, der furchtbare T-Rex!",
ruft Frau Krebs
und die ganze Klasse lacht.

Plateosaurier halten zusammen!

„He", ruft Plati ärgerlich.
„Friss mir nicht alles weg!"
Er stößt Theo,
seinen großen Bruder,
unsanft fort. Theo kichert.
Dann reckt er
seinen langen Hals
und frisst einfach
im Baumwipfel weiter.

Von hier aus sieht Theo plötzlich
eine Gruppe Halticosaurier
auf sich zurasen.
„Achtung! Angriff!",
ruft Theo.
So schnell sie können,
rennen Plati und Theo
zurück zur Herde.
Schützend stellen sich
die Männchen
um die Weibchen und Kinder.

Plati drängt sich
ängstlich an seine Mama.
Theo dagegen darf heute
zum ersten Mal mitkämpfen.
Blitzschnell stellt er sich
auf seine starken Hinterbeine.
Sein Schwanz gibt ihm Halt.
Näher und näher
kommen die Halticosaurier.

Sie sind zwar kleiner
als die Plateosaurier,
aber ihre Gruppe ist größer.
In ihrer spitzen Schnauze
sind gebogene, scharfe Zähne,
mit denen sie kräftig zubeißen.
Und mit ihren
mächtigen Greifklauen
können sie sich
überall festkrallen.

Jetzt versuchen sie,
Theo anzugreifen.
Einer hat schon zugebissen!
Plati kann seine Zähne sehen.
Ihm ist schwindelig vor Angst.
Drei Halticosaurier
wollen die Herde trennen.
Doch die Plateosaurier
wehren sich mutig.

Plateosaurier halten zusammen!
Zum Glück haben sie
eine große Daumenklaue.
Damit wollen sie
die Angreifer vertreiben.
Ob das gelingt?
Theo blutet schon am Hals.
Wütend teilt er Hiebe aus.

Das wirkt!
Und in Windeseile
verschwinden die Angreifer.

Platis Vater schaut sich
Theos Wunde an.
„Das wird wieder", meint er.
„Entschuldigung, Theo,
dass ich dich vorhin
geärgert habe",
sagt Plati kleinlaut.

„Ist schon okay", erwidert Theo.
„Vielleicht hätte ich sonst
unsere Angreifer
gar nicht bemerkt.
Und dann wäre es schlecht
für uns ausgegangen!"

Knochen am Rodelberg

Immer und immer wieder
drückt Greta den Klingelknopf.
„Hallo, mein Schatz!"
Mama kommt angerannt.
„Ist etwas passiert?"
„Mama", keucht Greta,
„da sind Knochen!
Ein echtes Dinoskelett!"

Mama schaut Greta zweifelnd an.
„Dinosaurier? Hier bei uns?
Du flunkerst doch, oder?"
Empört schüttelt Greta den Kopf
und hebt die Finger zum Schwur.
„Ich habe es beim Bäcker gehört."
„Wo soll das Skelett denn sein?",
fragt Mama.
„Am Rodelberg im Wald."

„Wenn das wirklich stimmt!
Das wäre ja sensationell!",
ruft Mama.
„Komm, wir fahren dorthin!"
„Oh ja!", freut sich Greta.
Sie holt noch schnell
ihr Dinosaurierbuch.
Dann geht es los zum Rodelberg.

Der Knochenfund hat sich
schon herumgesprochen.
Die halbe Stadt
ist auf den Beinen.
Ein Teil der Wiese
ist abgesperrt.
Zum Glück kann man
durch den Zaun sehen.

„Schau mal, Mama!", ruft Greta.
„Ein Dinosaurierbein!"
Sie blättert in ihrem Dinobuch.
Da ist genau so ein Knochen!
Gretas Herz klopft.
Um die Ausgrabungsstätte herum
liegen Schaufeln, Pickel,
Hämmer und Meißel.

Zwei Leute rennen ständig
mit einem Maßband umher.
Andere hocken auf dem Boden.
Sie bearbeiten die Knochen
mit Bürsten und Pinseln.
„Etwas Besonderes
ist der Fund auf jeden Fall",
sagt Mama.

„Woher weißt du das?",
fragt Greta neugierig.
„Weil sogar Leute
vom Fernsehen da sind."

Nach und nach wird es dunkel.
Kurz bevor die Ausgrabungsstätte
ganz abgesperrt wird,
kann Greta einen der Arbeiter fragen:
„Ist das wirklich ein echter Dino?"

„Wir glauben schon."
Der Mann zwinkert freundlich.
„Aber das muss noch
genauer untersucht werden."
„Wahnsinn!", sagt Greta.
„Und ich war dabei.
Beim riesigen Dinosaurierfund
in unserer kleinen Stadt!"

Willkommen, kleiner Dino!

Das Parasaurolophus-Weibchen
Aurola hat zum ersten Mal
Eier gelegt. Mit ihrer
schnabelförmigen Schnauze
hat sie das Nest
selbst ausgegraben.
Fünfzehn schöne runde Eier!
Sie freut sich auf die Babys.

Bald werden sie schlüpfen.
Lophia, ihre Freundin,
hat zwanzig Eier in ihrem Nest.

„Ich habe Hunger",
klagt Lophia
und streckt ihren Kopfschmuck,
den man Knochenzapfen nennt,
in die Höhe.

„Warten macht hungrig",
meint Aurola.
„Suchen wir etwas zu fressen!"
„Aber wer passt dann
auf die Eier auf?",
fragt Lophia.
Aurola beruhigt sie:
„Wir sind doch nur kurz weg.
Und unter den Zweigen
sind die Eier gut versteckt."

„Hm, lecker", sagt Lophia,
während sie zufrieden
an einem Nadelbaum kaut.
„Meine Lieblingsspeise!"
Da schreckt Aurola plötzlich hoch.
„Oh, ihr Biester!", schreit sie
und rennt in Windeseile
zu den Nestern zurück.
Zwei Ornithomimus-Saurier
nähern sich den Eiern.

Mit ihren Hornschnäbeln
wollen sie die Eier aussaugen.
Doch die Freundinnen tröten
mit ihren Knochenzapfen,
so laut sie können.
Vor Schreck laufen
die Eierdiebe weg.
Glück gehabt!

In diesem Augenblick
macht es Knack!
„Schau mal, Lophia!",
ruft Aurola aufgeregt.
„Das Ei hat einen Sprung!"
Kurz darauf schlüpft
das erste Baby.
Lophia und Aurola tanzen
um das Junge herum.
„Willkommen, kleiner Dino!"

Du bist jetzt ein Dino

Mama will,
dass Alex sein Zimmer aufräumt.
Dazu hat Alex keine Lust.
Viel größere Lust hat er,
mit Franz zu spielen.
Franz ist sein Meerschweinchen.
„Du bist jetzt ein Dino",
sagt Alex zu Franz.

„Du bist riesengroß
und megastark.
Du hast dicke Schuppen,
einen gewaltigen Schädel
und enorme Stacheln
am Hinterkopf.
Wie eine echte Dickkopfechse."
Alex kennt sich aus.
„Los! Renn meine Ritterfiguren um!",
schreit er.

Doch Franz quiekt nur.
Er rennt schnurstracks
unter Alex' Bett,
wo Bauklötze, Dinos, Legos
und Kuscheltiere kunterbunt
durcheinanderfliegen.
„Na, fühlst du dich wohl
in meinem Spielzeug-Urwald?",
fragt Alex.

Er liegt vor dem Bett
und beobachtet Franz.
Da öffnet sich die Tür. Mama!
„Alex, sofort aufräumen!",
ruft sie verärgert.
„Aber Franz braucht den Urwald",
antwortet Alex.
„Er ist doch eine
echte Dickschädelechse!
Ein Pachycephalosaurus!"

„Der einzige Dickschädel hier
bist du!", schimpft Mama.
„Wenn du jetzt nicht
sofort aufräumst,
dann werde ich
zum Tyrannosaurus Rex!
Verstanden?"
„Okay", sagt Alex,
„Dickschädel Mama
hat gewonnen."

Sabine Zett

Abenteuergeschichten

Illustriert von Heribert Schulmeyer

Feueralarm!

Auf dem Flughafen war viel los.
Urlauber, Flugbegleiter und Piloten
eilten durch die Hallen.
Jan war ziemlich genervt.
Mama und Papa standen
am Abfertigungsschalter.
Es ging überhaupt nicht voran!

Jan beobachtete,
wie das Gepäck
auf einem Rollband fuhr und
hinter einer Glastür verschwand.
Wohin es wohl gebracht wurde?
Das würde er gleich herausfinden!
Jan nahm Anlauf und sprang
auf das fahrende Kofferband.

„Jan! Was soll das? Bleib hier!",
riefen seine Eltern.
Der Mann am Schalter
fuchtelte mit den Armen.
Doch Jan war schon
hinter der Glastür verschwunden.
Die Rollbänder führten
alle nach draußen.
Dort warteten Wagen,
um das Gepäck
zu den Flugzeugen zu bringen.

Jan sprang vom Rollband
und versteckte sich
hinter einem Pfeiler.
Toll! So viele Flugzeuge
standen hier draußen!
In allen Farben und Größen!
Und laut war es auch!
Plötzlich roch es ganz komisch.
Jan schnupperte.

Was konnte das nur sein?
Dann erkannte er den Geruch:
Das war Rauch!
Erschrocken schaute sich Jan um.
Aus dem Triebwerk
eines kleinen Flugzeugs
stieg schwarzer Qualm auf!
Niemand schien es zu bemerken,
denn die Maschine
stand ganz hinten.

„Feuer!", rief Jan,
aber es war einfach zu laut!
Da fiel ihm
der rote Alarmknopf ein,
den er am Ausgang
gesehen hatte.
In Windeseile lief er zurück
und drückte den Knopf
mit zitternden Händen.
Eine laute Sirene ertönte.

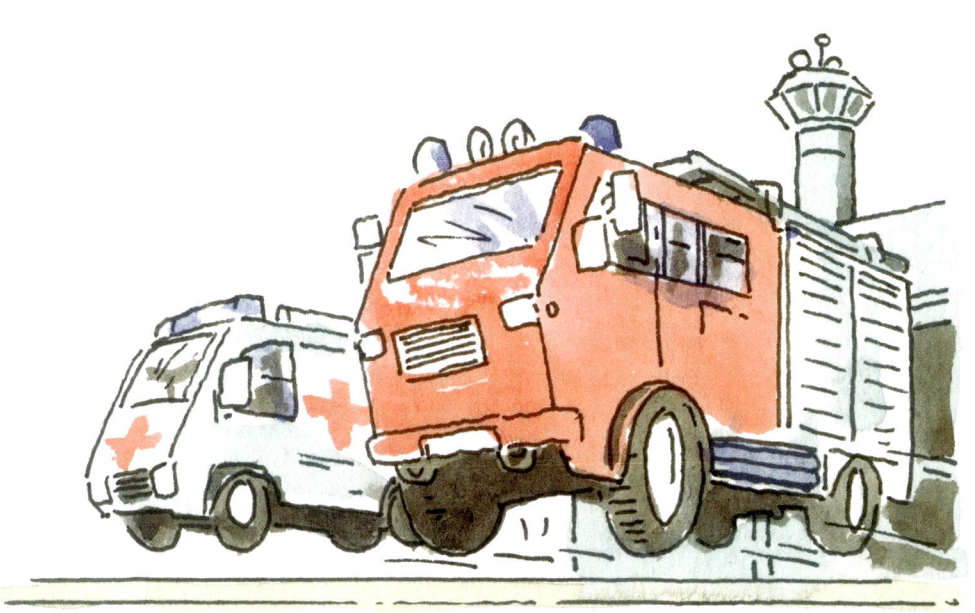

Jetzt wurde es hektisch
auf dem Rollfeld.
Feuerwehrwagen mit Blaulicht
rasten heran.
Ein Krankenwagen kam
um die Ecke.
Polizisten und Sicherheitsleute
eilten über das Rollfeld.
Jan schlich vorsichtig
hinter ihnen her.

„Was machst du denn hier?"
Ein Mann in Uniform
packte Jan am Arm.
„Es ist verboten,
auf dem Rollfeld herumzulaufen!",
sagte er drohend.
„Aber ich habe doch
die Feuerwehr gerufen!",
rief Jan empört.

Da ließ ihn
der Sicherheitsbeamte los.
„Das warst du?", fragte er verblüfft.
„Das hast du super gemacht!
Ohne dich hätten wir
den Brand erst viel später bemerkt.
Wenn das Feuer gelöscht ist,
darfst du eine Runde
im Feuerwehrauto mitfahren.
Zur Belohnung!"

Die Monsterwelle

Melissa und Vincent machen
mit ihren Eltern
Urlaub am Strand.
Jeden Nachmittag fahren sie
mit einem kleinen Boot
aufs Meer hinaus.
Es hat ein weißes Segel
und sieht wie
ein großes Surfbrett aus.

Eines Abends schleichen sich
die Geschwister
allein zum Strand.
„Sollen wir eine Runde segeln?",
fragt Vincent.
Melissa nickt begeistert.
Sie fahren ein Stück
aufs Meer hinaus.
Es ist ziemlich dunkel.

Nur der Mond leuchtet
in den Wellen.
Der Wind bläst in das Segel
und das Boot beginnt,
heftig zu schaukeln.
Da kommt eine besonders
hohe Welle auf sie zu!
Das Boot wird durchgerüttelt
und stellt sich fast senkrecht auf.

Melissa rutscht ab und erwischt
das Seil zum Festhalten nicht.
Sie fällt ins Wasser!
„Hilfe!", ruft sie erschrocken.
Zum Glück hat sie
eine Schwimmweste an,
aber sie schluckt trotzdem
ganz schön viel Salzwasser.
Ob es hier wohl Haie gibt?
Jetzt hat Melissa richtig Angst.

„Gib mir deine Hand!",
ruft ihr Bruder und streckt
seinen Arm nach ihr aus.
Mit aller Kraft zieht er
sie an Bord. Geschafft!
Melissa zittert noch ein wenig,
kann aber bald wieder lachen.
„Das war eine richtige Monsterwelle
und du hast mich
vor ihr gerettet!"

Ein Dieb auf der Baustelle

Jeden Nachmittag standen
Max, Jonas und Paul am Zaun
einer riesigen Baustelle
am Stadtrand.
Baukräne bewegten sich.
Arbeiter mit Schutzanzügen
und Helmen liefen umher.

An diesem Samstag
schlug Max wieder vor,
zur Baustelle zu fahren.
„Am Wochenende ist es dort
aber furchtbar langweilig!
Dann haben alle frei.
Die Maschinen stehen still",
antwortete Jonas.
„Lasst uns lieber ein Eis essen!"

Paul hatte eine gute Idee.
„Wir können kurz
an der Baustelle vorbeifahren
und dann das Eis holen."
Damit waren alle einverstanden.
Sie radelten zu ihrem Lieblingsplatz
am Bauzaun und stellten
die Fahrräder ab.

„Was ist denn das?
Arbeitet heute doch jemand?",
fragte Max.
Er zeigte auf einen
schwarz gekleideten Mann,
der in einem Bauwagen
verschwand.
„Komisch, sieht gar nicht
wie ein Bauarbeiter aus",
meinte Jonas.

„Guckt mal, das Baustellentor!
Die Kette und das große Schloss
liegen kaputt auf dem Boden!",
rief Paul plötzlich aufgeregt.
„Das Tor wurde aufgebrochen",
flüsterte Max.
„Vielleicht ist der Mann
im Bauwagen ein Dieb?"
Die Jungen sahen sich an.

„In Deckung!
Der Kerl kommt heraus!",
zischte Jonas und zog
die Freunde hinter ein Gebüsch.
Sie hörten, wie der Mann
in ein Handy sprach.
„Beeil dich!", sagte er.
„Hier ist heute niemand.
Wir können jede Menge Werkzeug
und Baustoffe mitnehmen."

Die Jungen sahen sich an.
„Wir müssen die Polizei rufen!"
Paul holte sein Handy
aus der Hosentasche und wählte
mit zittrigen Fingern 110.
Er sprach kurz mit der Polizei.
„Sie kommen gleich",
erklärte er seinen Freunden,
nachdem er aufgelegt hatte.

In diesem Moment fuhr
ein grauer Lkw
vor das Baustellentor.
Die drei duckten sich wieder.
Sie beobachteten,
wie der Fahrer
kurz den Wagen verließ
und das Tor zur Seite schob.
Der Lkw fuhr hindurch.

„Los, schnell hinterher!
Vielleicht können wir
sie aufhalten,
bis die Polizei kommt",
sagte Max.
Sie schlichen sich
zum Bauwagen.
Jonas legte seinen Finger
auf die Lippen und zeigte
auf den geparkten Lkw.

Da tauchte auf einmal
wie aus dem Nichts
der schwarz gekleidete Mann
vor ihnen auf.
„Wen haben wir denn da?
Spione, was?
Ab in den Lkw mit euch!
So leicht kommt ihr nicht davon!"
Die Jungen sahen sich
entsetzt an.

„Hände hoch!
Hier spricht die Polizei!
Lassen Sie die Jungen frei
und ergeben Sie sich!",
ertönte plötzlich
eine laute Stimme hinter ihnen.
Dann ging alles ganz schnell:
Mehrere Polizisten umzingelten sie
und die beiden Diebe
wurden festgenommen.

Max sah Jonas und Paul
erleichtert an.
„Und da soll noch mal
jemand sagen,
dass eine Baustelle
am Wochenende
langweilig ist!"

Nichts für Feiglinge

„Hier ist er!
Der *Freier-Fall-Turm*.
Das Beste im ganzen Freizeitpark!"
Mit leuchtenden Augen
betrachtete Tobias
das Fahrgeschäft.

„Man wird sechzig Meter
raufgezogen und fährt dann
ganz schnell wieder runter",
erklärte er Nick begeistert.
Sein Freund schaute
zweifelnd nach oben.
„Das ist mir zu hoch."
Aber Tobias lachte nur.
„Quatsch! Los geht's!
Oder bist du ein Feigling?"

Nick wollte seine Angst
nicht zugeben und setzte sich
neben Tobias in die runde Gondel.
Die Sicherheitsbügel
wurden geschlossen
und es ging steil hoch.
Nick schloss die Augen.
Ganz oben blieb
die Gondel stehen.

„Gleich geht es
im freien Fall runter!",
rief Tobias seinem Freund zu.
Nicks Herz klopfte ganz schnell.
Doch nichts passierte!
Sie hingen in luftiger Höhe
und warteten.

Nick öffnete die Augen,
sah nach unten
und schloss sie gleich wieder.
War das hoch!
Einige Leute fingen an
zu kreischen.
„Lasst uns runter!", riefen sie.

Plötzlich ertönte eine Durchsage:
„Wegen technischer Probleme
kann die Gondel
nicht heruntergefahren werden.
Bitte bewahren Sie Ruhe.
Hilfe ist unterwegs!"
Nick und Tobias schauten
sich entsetzt an.
Wie sollten sie hier
nur wieder rauskommen?

Nach einigen Minuten raste
ein großer Feuerwehrwagen heran.
Eine Leiter wurde ausgefahren,
aber sie erreichte
die Gondel nicht –
sie war zu kurz!
Eine neue Ansage ertönte:
„Die Polizei schickt
einen Rettungshubschrauber."

Die Jungs hörten das Rattern
schon von Weitem.
Ein Mann mit
einem Werkzeugkoffer
seilte sich
mit einer Strickleiter
bis zur Gondel ab.
Die Jungs konnten nicht sehen,
was er tat.

Plötzlich gab es
einen kleinen Ruck
und der Mann stieg wieder
in den Hubschrauber.
„Achtung, wir starten!",
ertönte es aus dem Lautsprecher.
Bevor Nick verstanden hatte,
was das bedeutete,
setzte sich die Gondel
in Bewegung.

Sie raste nach unten,
wo sie sanft
abgebremst wurde.
Sie waren wieder
auf dem Boden!
Beim Aussteigen applaudierten
die Leute.
Nick sah Tobias an,
der ganz weiß im Gesicht war,
und sagte lachend:
„Du hattest recht:
Das war wirklich
nichts für Feiglinge.
Wollen wir noch mal fahren?"

Das unheimliche Haus

Es ist Halloween.
Beleuchtete Kürbisse stehen
in den Fenstern.
Skelette, Hexen, Monster
und Spinnen
hängen an den Türen.
Kinder in Gespensterkostümen
laufen durch die Straßen.

Auch Finn, Jacob, Marie und Lilly
gehen von Haus zu Haus
und sammeln Süßigkeiten.
„Gebt uns Süßes,
sonst gibt es Saures!", rufen sie.
Am Ende der Straße ist der Wald.
Davor steht nur noch
ein einziges kleines Häuschen.
Es ist dicht mit Efeu bewachsen
und von einer Hecke umgeben.

„Ob da jemand wohnt?
Es ist so dunkel", meint Finn.
„Ich finde es unheimlich.
Vielleicht gehört es einer Hexe!",
sagt Marie,
aber die anderen lachen sie aus.
Voller Übermut klopft Lilly
laut gegen die Tür.

Wie von Geisterhand geht
diese plötzlich auf,
doch niemand ist
in der Dunkelheit zu sehen.
„Merkwürdig", sagt Jacob unsicher.
„Ich will hier weg", antwortet Marie.
Plötzlich flackern im Innern
rote Lichter und es ertönt
unheimliche Musik.

Die Kinder weichen erschrocken
einen Schritt
auf die Straße zurück.
„Da! Seht mal nach oben!",
flüstert Finn.
„Jemand beobachtet uns",
sagt Jacob.
Seine Stimme bebt.
Im oberen Fenster
steht eine weiße Gestalt.

„Ein Geist!", schreit Marie.
Jetzt geht die Eingangstür
noch weiter auf.
Die unheimliche Musik wird lauter.
Finn zieht Jacob am Ärmel.
„Lasst uns sofort weglaufen!"
Jacob und Marie nicken,
aber Lilly geht wieder
auf das Haus zu.

Die anderen folgen ihr zögernd.
„Hast du denn gar keine Angst?",
fragt Marie.
Da fällt ihr Blick
auf das Klingelschild.
„Da steht *Seidel*.
Die heißen ja genau wie du, Lilly …",
sagt sie erstaunt.
Lilly grinst
über das ganze Gesicht.

„Omi! Du kannst dich zeigen!
Wir sind aufgeflogen!",
ruft sie laut.
Jetzt kapieren
ihre Freunde alles.
„Omi? Das am Fenster war also
deine Oma?", fragt Jacob.
Lilly nickt lachend:
„Ja! Und von diesem guten Geist
bekommen wir bestimmt
ganz viele Süßigkeiten!"

Brigitte Kolloch, 1975 geboren, wuchs in Münster (Westf.) und Hannover auf. Bereits während ihrer Gymnasialzeit veröffentlichte sie Geschichten, Gedichte und Bilder. Nach dem Abitur machte sie eine Ausbildung zur Kinderkrankenschwester. Heute arbeitet sie auf einer Frühgeborenen-Intensivstation und ist weiterhin auf der Spur neuer Geschichten und Gedichte für Kinder. Inzwischen hat sie selbst eine Tochter bekommen.

Elisabeth Zöller wurde 1945 in Brilon geboren, studierte Deutsch, Französisch, Kunstgeschichte und Pädagogik in Münster, München und Lausanne. Sie war 17 Jahre an verschiedenen Gymnasien tätig und begann vor einigen Jahren, Kinderbücher zu schreiben.

Lisa Althaus studierte an der Universität für angewandte Kunst in Wien und an der Akademie der Bildenden Künste in München. Sie wohnt in der Bodenseegegend und arbeitet als freie Künstlerin und Illustratorin.

Sabine Zett schreibt sowohl Kinder- und Jugendbücher als auch Hörspiele, Romane und Songtexte. Ihre Werke wurden mehrfach ausgezeichnet und in viele Sprachen übersetzt. Die Autorin setzt sich für die Leseförderung von Kindern ein und wurde von der Stiftung Lesen zur offiziellen Lese-Botschafterin ernannt.

Heribert Schulmeyer, geboren 1954, zeichnet seit seinem zwölften Lebensjahr. Nach Schule und Studium wurde er Comiczeichner und freier Künstler. Heute arbeitet er für verschiedene Verlage und für den WDR bei der „Sendung mit der Maus". Heribert Schulmeyer lebt und arbeitet in Köln.